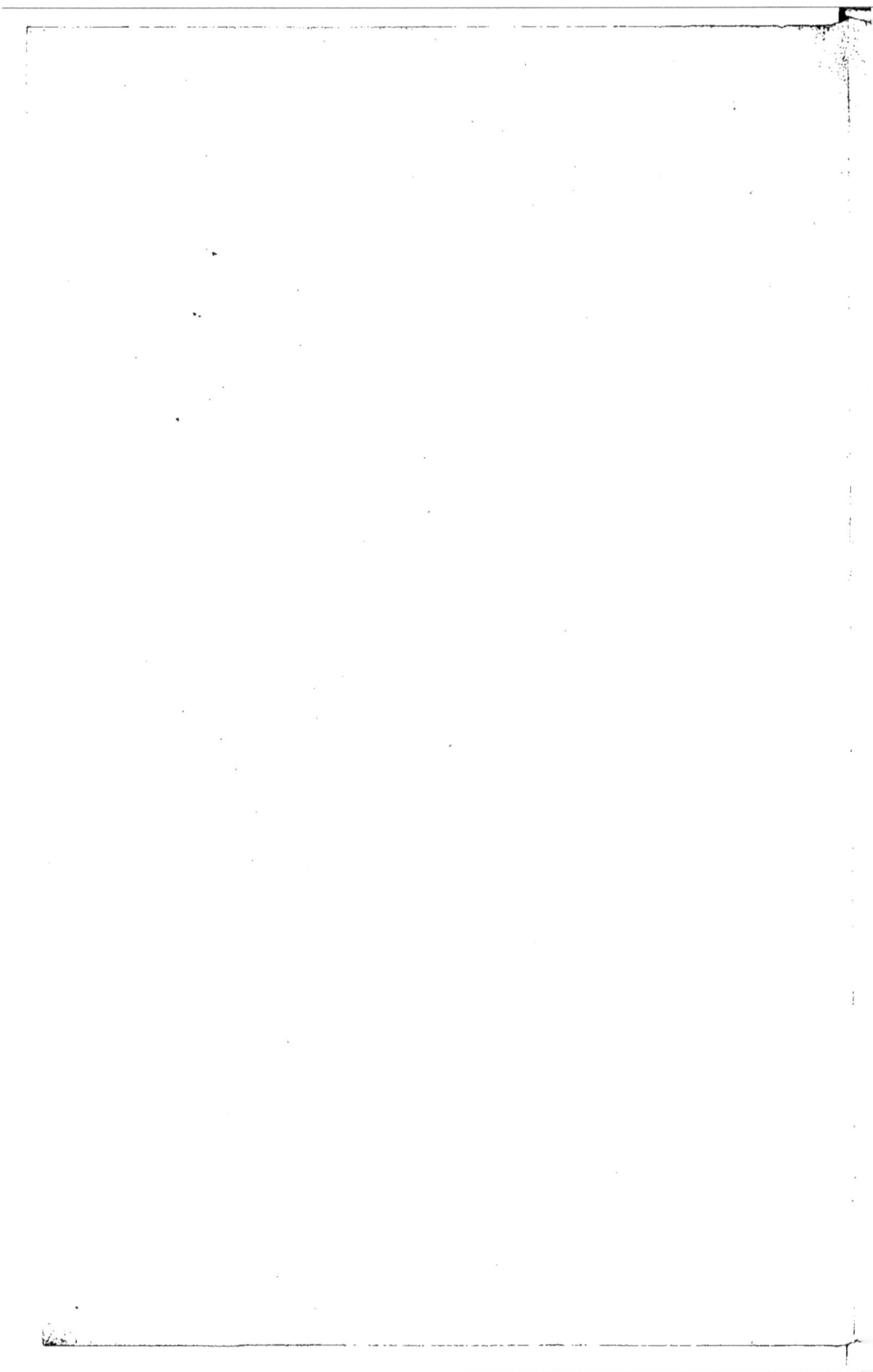

COMITÉ DES DAMES DE MÉDECINS

SECOURS

AUX

AMBULANCES DE BORDEAUX

COMPTE - RENDU

DES

TRAVAUX DU COMITÉ

1870-1871

BORDEAUX

IMPRIMERIE GÉNÉRALE D'ÉMILE CRUGY

16, RUE ET HÔTEL SAINT-SIMÉON, 16

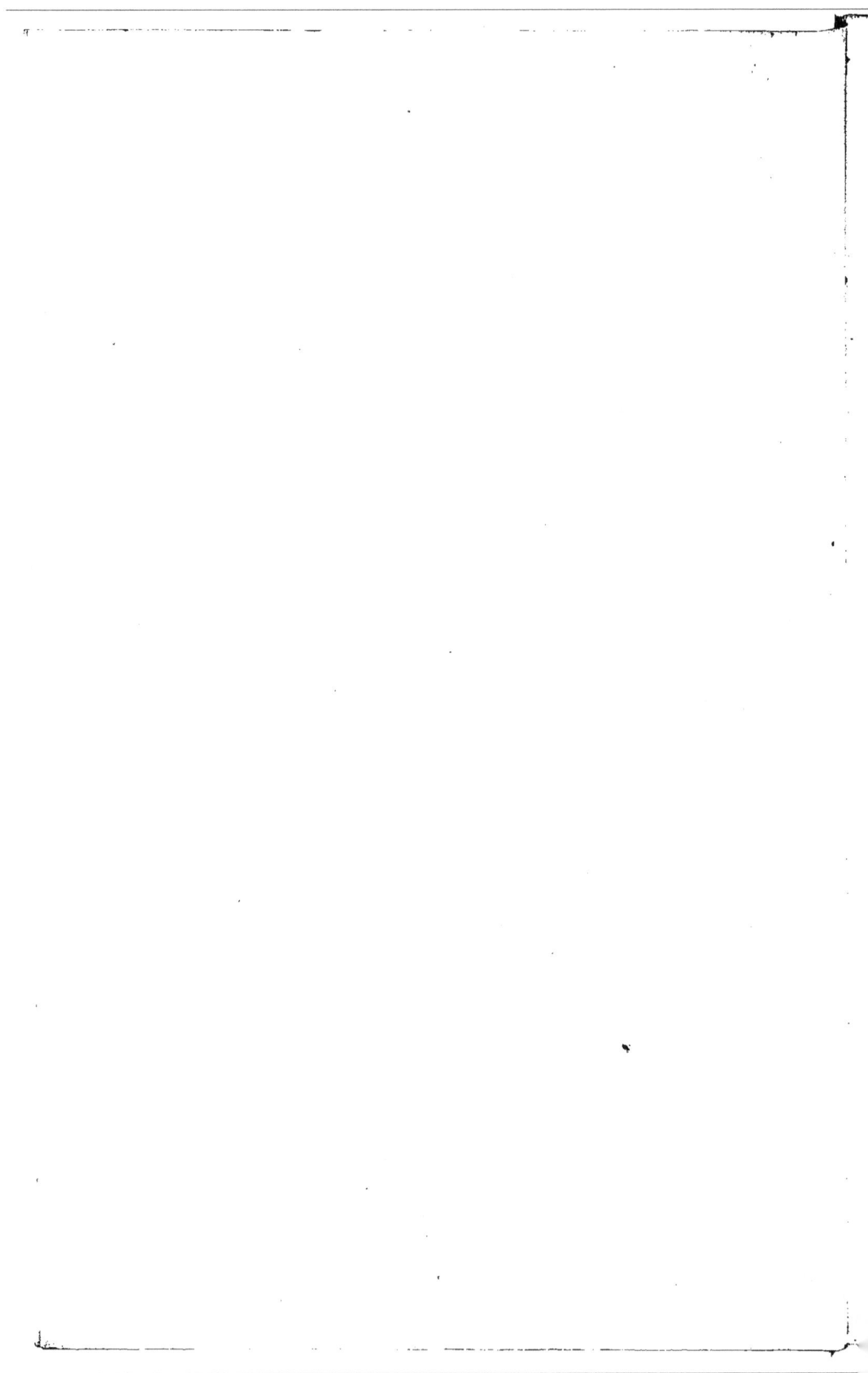

SECOURS

AUX

AMBULANCES DE BORDEAUX

1870-1871

COMPTE-RENDU

DES

TRAVAUX DU COMITÉ

lu dans la séance du 5 décembre 1871

MESDAMES,

La confiance que vous nous avez sans cesse témoignée, pendant les tristes mois qui viennent de s'écouler, nous fait un devoir de vous présenter le résumé des travaux de notre Comité. Durant plus d'une année, nous avons été associées dans l'unique pensée de soulager les victimes si nombreuses de la guerre recueillies dans Bordeaux, et à cette heure, notre tâche accomplie, nous pouvons être heureuses et fières des résultats, obtenus grâce à votre sympathique appui et à votre précieux concours.

Nous avons déjà fait connaître dans les journaux quel était le but de notre œuvre, et de quelle manière nous comptions répandre les charitables ressources mises entre nos mains par la générosité patriotique des Bordelais.

Vous le savez, Mesdames, votre quête, si laborieusement recueillie, parmi les pauvres aussi bien que chez les riches, s'élevait à la somme de 28,822 fr. 65 c.; il vous a été donné, dans le courant de l'année, quelques barriques de vin, du linge, des provisions alimentaires, qui sont venus se joindre aux dons en nature précédemment reçus, et, enfin, 352 fr. 95 c., ce qui élève à 29,175 fr. 60 c. le total du trésor que vous avez eu à gérer.

Le 13 septembre 1870, vous ouvriez la série de vos travaux par la création d'un ouvroir destiné à préparer le linge et les vêtements qui allaient être bientôt si utiles.

Le zèle, le dévouement les plus complets répondaient à votre appel : des ouvroirs particuliers étaient établis, non-seulement à Bordeaux, mais encore à la Bastide, Verdelais, Barsac, la Tresne, etc.; ils vous envoyaient le tribut de leur active coopération, et à l'heure où notre ville prenait sa part des désastres de la France en offrant l'hospitalité aux soldats malades ou blessés, vous étiez en mesure de répondre à toutes les demandes qui vous étaient faites pour l'installation des ambulances. Le 24 octobre, vous commenciez vos distributions.

Visiter les blessés, leur apporter des secours de toute

nature, n'était pas assez pour les aspirations de votre charité. La pensée d'avoir une ambulance spéciale à votre Comité fut ardemment poursuivie, et réussit au-delà de toutes vos espérances. M. le Directeur de l'Institution des Sourdes-Muettes vous offrit dans son établissement l'hospitalité la plus entière, et, le 5 novembre, arrivèrent vos premiers malades. C'est ainsi, Mesdames, que votre ambulance fut créée.

Les sollicitudes multiples attachées à cette œuvre particulière ne vous empêchèrent pas de continuer vos distributions dans les services hospitaliers rendus chaque jour plus nombreux par les calamités croissantes de la guerre.

Sur l'initiative dévouée de M. le Dr Chabrely et de Mme Chabrely, membre de votre Comité, la Bastide vit s'ouvrir l'ambulance Bastidienne (1), que vous pouvez à bon droit considérer comme une succursale de la vôtre et à l'installation de laquelle vous avez été heureuses de largement contribuer.

Vous apprendrez avec satisfaction que le concours de votre Comité a été réclamé par 34 ambulances (Note I) contenant ensemble 1,040 lits occupés sans interruption; c'est donc par milliers que vous pouvez compter le nombre des militaires qui y ont été successivement recueillis et ont participé à vos secours (Note II).

(1) Cette ambulance, établie dans le local de la loge maçonnique, rue Picard, ouverte le 3 décembre 1870, fermée le 15 avril 1871, contenait 24 lits : 92 soldats blessés ou malades y ont été soignés.

Afin de réaliser les nombreuses distributions dont vous apprécierez les détails, les dons en nature réunis par vos soins et ceux envoyés dans l'année auraient été tout à fait insuffisants; mais, grâce à votre activité, vous avez pu, par des achats de linge, de lainage, faits avec une ingénieuse économie, confectionnés dans votre ouvroir par des travailleuses aussi nombreuses que dévouées, atteindre ce but tant souhaité par votre sollicitude : beaucoup donner, faire le bien largement, et réserver encore pour l'avenir une part de vos ressources.

Votre ambulance, Mesdames, étant la principale de vos œuvres, doit attirer tout spécialement votre attention : ouverte une des premières, le 5 novembre 1870, fermée après toutes les autres, le 25 septembre 1871, elle a pu, dans les dernières semaines de cette longue période, recueillir successivement les malades nombreux envoyés par les ambulances de la ville, et qui ne pouvaient encore trouver place à l'hôpital militaire. Vous lirez avec un vif intérêt quelques passages extraits d'une lettre que M. le Directeur des Sourdes-Muettes a adressée à votre présidente. Nous aurions désiré vous la communiquer en entier, mais les éloges personnels trop flatteurs qu'elle renferme nous obligent à les passer sous silence, malgré le haut prix que nous attachons à cette parole autorisée et éloquente.

MINISTÈRE DE L'INTÉRIEUR   *Bordeaux, le 22 novembre 1871.*

INSTITUTION NATIONALE
des
SOURDES-MUETTES
A BORDEAUX

AMBULANCE
et

COMITÉ
des
DAMES DE MÉDECINS

« MADAME,

» Le moment est venu de vous présenter le relevé des actes
» accomplis à l'ambulance militaire installée, pendant la guerre
» de 1870-1871, à l'Institution nationale des Sourdes-Muettes, de
» Bordeaux, par la généreuse bienfaisance du Comité des Dames
» de Médecins, que vous avez, Madame, si dignement présidé.

» Dès le mois d'octobre 1870, votre Comité a fait placer à ses
» frais plus de 60 lits complets qu'environ 500 militaires blessés
» ou malades ont successivement occupés jusqu'au 25 septembre
» 1871, date de la fermeture de cet hospice provisoire, ouvert
» par la plus active charité, servi par le plus ardent patriotisme.

» Les soins de la science, grâce au concours du remarquable
» dévouement des Dames du Comité, ont obtenu ce résultat, vrai-
» ment inespéré, que le nombre des décès ne s'est élevé qu'à 21,
» et que, sur ce nombre, il faut déduire 9 militaires qui, arrivés
» mourants à l'ambulance, ont rendu le dernier soupir quelques
» heures après leur entrée.

» Ce chiffre de 500 pourrait paraître peu important, s'il s'agis-
» sait d'apprécier uniquement les admissions à l'ambulance;
» mais, lorsque les documents déposés aux archives de l'Insti-
» tution établissent que l'action du Comité s'est exercée durant

» 20,904 journées, les choses se présentent sous un tout autre
» aspect.

» Il convient de remarquer, d'ailleurs, qu'un assez grand nom-
» bre de militaires étaient ou gravement blessés ou atteints de
» maladies (1) que la science n'a vaincues, je le répète, qu'avec
» l'aide de la bienfaisance de votre Comité. Le linge abondant
» et sans cesse renouvelé, les chauds vêtements de chambre, les
» dons (principalement en argent) remis aux RR. Sœurs de la
» communauté pour augmenter le bien-être résultant d'une ex-
» cellente alimentation, ont été de puissants auxiliaires pour que
» la médecine ramenât à la vie, en la disputant à la mort, des
» jeunes gens qui semblaient fatalement atteints.

» Je voudrais, Madame, ne pas borner à cet exposé statis-
» tique les renseignements que je m'honore de vous adresser ;
» assurément, je me plairais fort à parler de la passion du bien,
» accompli sans bruit, qui animait chacune des Dames du Comité,
» de leur dévouement religieux auprès des malades, de leurs
» fréquentes réunions, d'où s'épanchaient dans l'ambulance de
» nouveaux bienfaits. . . . .
» . . . .
» . . . .
» . . . .
» Je vous prie de faire bon accueil à l'expression de ces sen-
» timents, et d'agréer, Madame, l'hommage de mon respect.

» MARTIN ETCHEVERRY,
» Directeur de l'Institution des Sourdes-muettes. »

(1) Coups de feu, blessures diverses, dyssenterie, anémie, entérites, phthi-
sie, fièvres intermittentes typhoïdes, bronchites, rhumatismes, fistules, maladies de la peau, etc., etc.

D'après cet exposé si clairement présenté, vous avez pu voir, Mesdames, dans quelles proportions s'est étendue votre charité. Vous avez dû, pour arriver aux résultats que signale M. le Directeur, élever la subvention allouée à chaque malade par l'intendance militaire, ce qui, joint à l'installation de l'ambulance, à la literie, au service des infirmiers, porte à 7,947 fr. 25 c. la somme que vous avez affectée à cette œuvre particulière.

Cette œuvre, Mesdames, si riche en consolants résultats, vous n'auriez pu la réaliser sans les conditions exceptionnelles que vous a offertes l'établissement des Sourdes-Muettes : vastes dortoirs, jardins, chauffage, éclairage, blanchissage, ont été mis à votre disposition par M. le Directeur, heureux de correspondre ainsi aux désirs de M. le Ministre de l'Intérieur. Vous avez vu chaque jour M. Etcheverry, animé des sentiments les plus élevés, s'occuper lui-même de tous et imprimer à toute chose sa direction ferme autant qu'habile.

Vous avez pu également apprécier la part de travail actif et sérieux dont M. l'Économe a bien voulu se charger, diminuant ainsi par son zèle intelligent les difficultés de votre tâche.

Les dispositions si favorables de l'Institution vous ont donné la consolation de savoir à toute heure vos chers malades entourés des doux et suprêmes encouragements de la religion, prodigués par M. l'Aumônier avec l'inaltérable bonté de son âme d'apôtre.

Votre Comité, Mesdames, a rencontré, dans les sentiments de délicate confraternité de M. le Dr Mabit, le plus précieux appui : durant cette période douloureuse de onze mois, il n'a cessé de venir au chevet des malades leur prodiguer les efficaces ressources de son talent. Dans cette voie d'entier dévouement l'ont dignement suivi les internes attachés à son service. L'un d'eux, Gaston Dubreuilh, aide-major de l'ambulance, entré à peine dans la carrière médicale, où l'attendait un brillant avenir, a été enlevé prématurément, au milieu des soins qu'il donnait à vos malades, avant que vous ayez pu lui exprimer votre sympathique reconnaissance.

MM. Cutoly, Tourtelot, Buisson, Harreguy, Passerieux, ont tenu à honneur d'imiter cet exemple, et leur zèle ne s'est pas démenti jusqu'à la fermeture de votre ambulance.

Les sentiments de respectueuse amitié qui nous lient à Mme la Supérieure et aux Sœurs de Nevers nous rendraient bien douce la satisfaction de vous en parler longuement, mais la crainte de blesser leur modestie arrête notre plume. Du reste, vous avez pu, dans vos fréquentes visites, retrouver toujours à leur poste de charité ces anges gardiens de vos malheureux soldats. Ni le surcroît d'occupation occasionné par la présence dans l'établissement, des Aveugles et des Sourds-Muets de Paris, ni les exigences d'un service hospitalier si considérable, n'ont pu ralentir leur pieuse ardeur, et c'est en se multipliant qu'elles ont atteint et dépassé même la hauteur de leur noble mission.

Voici, Mesdames, quelle était la situation de la caisse du Comité après la fermeture des ambulances :

Quête..............F.	28,822 65	Dépenses faites (N. III) F.	25,050 60
Reçu en plus...........	352 95	Excédant en argent....	4,125 »
Total..........F.	29,175 60	Total égal.....F.	29,175 60

Selon votre décision, et afin de dignement terminer votre œuvre éminemment philanthropique, vous avez consacré la somme de 4,125 fr. restée en caisse, ainsi qu'une partie du matériel rendu par les ambulances, à secourir les enfants privés de leurs parents par la guerre et recueillis dans nos divers orphelinats (Note IV). Cette répartition, pour être équitable, a dû être proportionnée au nombre d'enfants désignés par chaque établissement comme faisant partie de la catégorie de victimes si intéressantes que vous désiriez soulager (Note V).

L'autre part de ces objets en nature a été divisée entre les neuf Bureaux de bienfaisance de Bordeaux et de la Bastide, pour y être exclusivement distribuée, par les soins dévoués et intelligents des directrices de ces maisons de secours, aux familles frappées par les malheurs que nous venons de traverser (Note VI). C'est ainsi que, jusqu'à la fin, vous avez été fidèles à votre programme.

Et maintenant, Mesdames, au moment de nous séparer, notre mission finie, qu'il nous soit permis de laisser s'épancher les élans chaleureux de notre profonde gratitude. Merci à ces modestes et laborieux auxiliaires qui ont rendu notre tâche moins lourde ; merci encore à tous ceux qui, de près ou de loin, par leur sympathie ou par leur concours, se sont associés à nos sollicitudes et doivent partager aujourd'hui notre légitime satisfaction ; merci, enfin, avec toutes les effusions de notre cœur, à vous, Mesdames, qui, nous soutenant de vos conseils, nous entourant de votre confiance, nous avez aidées à traverser les heures difficiles, à réaliser nos chères espérances ; croyez que nous conserverons le souvenir de ce bien, fait ensemble, comme notre plus douce récompense.

B. MÉRAN, *présidente.*

Vᵛᵉ DÉGRANGES-BONNET, *secrétaire.*

La lecture de ce rapport est accueillie par le Comité avec la plus vive satisfaction, et, après vérification, les comptes qui y sont annexés sont approuvés à l'unanimité.

Bordeaux, le 5 décembre 1871.

Note I.

Ambulances secourues par le Comité.

Ambulance Bastidienne	24	lits.
— Carmélites (des)	6	»
— Carmes (des Pères)	12	»
— Conception (des Sœurs de la)	22	»
— Conférence de Saint-Vincent-de-Paul (de la)	8	»
— Espérance (des Sœurs de l')	25	»
— Gauthier (de M.)	18	»
— Hôpital Saint-André (de l')	164	»
— Jésuites (des Pères)	10	»
— Oblats (des Pères)	10	»
— Papin (de M.)	4	»
— Passionnistes (des Pères)	6	»
— Petites-Sœurs des Pauvres (des)	27	»
— Présentation (des Sœurs de la)	7	»
— Sacré-Cœur (des Dames du)	10	»
— Saint-André (de)	64	»
— Saint-Bruno (de)	40	»
— Saint-Éloi (de)	30	»
— Sainte-Eulalie (de)	60	»
— Saint-Ferdinand (de), rue Terre-Nègre	55	»
— Saint-Joseph (des Sœurs de)	10	»
— Saint-Joseph (de), Tivoli	60	»
— Saint-Louis (de) (2 ambulances)	60	»
— Saint-Martial (de) (2 ambulances)	80	»
— Saint-Michel (de)	50	»
— Saint-Nicolas (2 ambulances)	31	»
— Saint-Paul (de)	30	»
— Saint-Pierre (de)	50	»
— Saint-Rémy (de)	10	»
— Saint-Seurin (de)	40	»
— Tandonnet (de M.)	17	»
	1,040	lits.

Note II.

Objets fournis aux Ambulances.

Béquilles	(paire).	1
Bonnets de coton		448
Cache-nez		8
Café	(kilos).	40
Cravates		122
Crachoirs		36
Caleçons, tricots		270
Casquettes		3
Ceintures flanelle		115
Charpie, compresses, bandes		»
Chaussettes	(paires).	538
Chemises		738
Chocolat	(kilos).	9
Coussin élastique		1
Couvre-pied		1
Couvertures de laine		178
Draps		730
Gilets de flanelle		196
Lits complets		52
Matelas de laine		6
Oreillers de plume		10
Pantalons		12
Pantoufles	(paires).	242
Prunes	(kilos).	25
Rhum	(bouteilles).	75
Secours en argent à l'ambulance de Saint-Ferdinand et à celle de la Bastide	F.	1,600
Serviettes		720
Sirops divers	(bouteilles).	10
Sucre	(kilos).	35
Tabac	(kilos).	65
Tabliers d'infirmiers		10
Taies d'oreiller		262
Tapis de lit		71
Torchons		216
Tricots de laine		220
Vareuses		200
Vermicelle, oranges, biscuits, confiture, etc		»
Vin	(barriques).	17
Vin vieux	(bouteilles).	450

Note III.

Liste générale des dépenses faites par le Comité.

Armoires, étagères, porte-manteaux pour l'installation de l'ouvroir	119	»
Assurances (police d') pour le matériel	10	40
Béquilles et coussins élastiques	38	»
Blanchissage de linge en retour	84	30
Bonnets de coton (528)	123	»
Bouteilles vides (150)	21	»
Caleçons tricot coton et laine (348)	823	»
Ceintures de flanelle (150)	169	10
Chaussettes laine ou coton (817 paires)	981	85
Chemises (624)	1,068	40
Commissionnaire et transports	278	30
Compte-rendu (impression et distribution)	130	»
Couvertures de laine (206)	2,247	30
Crachoirs (36)	27	55
Cravates (72)	25	»
Draps (650)	3,260	20
Droits de banque pour retrait d'argent	2	50
Encre et timbre pour marquer le linge	37	10
Gilets de flanelle (220)	692	60
Infirmiers et infirmières (11 mois de service)	396	50
Location de 52 lits complets	2,630	»
Matelas (6) et oreillers (12)	171	»
Mercerie pour l'ouvroir	229	15
Mouchoirs de poche (600)	243	»
Mousseline à cataplasmes (deux pièces)	25	50
Pantalons (9) et Casquettes (2)	68	40
Pantoufles (178 paires)	258	»
Poêle, pelle, pince et balai	74	15
Secours d'argent aux ambulances	1,600	»

A reporter..........F. 15,834 30

Report...............F.	15,834	30
Secours d'argent à des soldats partant..................	341	50
Serviettes (96)...	62	50
Sucre, café, oranges.....................................	46	45
Supplément à la subvention de l'Intendance militaire pour l'ambulance des Sourdes-Muettes (20,904 journées)...	3,585	50
Tabac (65 kilos)...	98	50
Tabliers de médecins et d'infirmiers (10)..............	47	30
Taies d'oreiller (300)....................................	261	25
Tapis pour la chapelle des Sourdes-Muettes (témoignage de reconnaissance offert par le Comité aux Sœurs de Nevers).....................................	400	»
Tricots de laine...	1,954	»
Vareuses (210)...	1,052	45
Vin (15 barriques)......................................	1,050	»
Vin (permis de circulation et transport du)...........	53	30
Ustensiles d'ambulance : vaisselle, verroterie, couverts, fourneaux à gaz, toile cirée, etc..............	263	55
F.	25,050	60

Note IV.

Inventaire des objets rendus par les Ambulances ou restés en réserve.

Armoire, étagères, poêle, vaisselle .... 》
Bonnets de coton................................... 325
Caleçons.. 216
Calicot blanc et bleu .... (pièces). 3
Ceintures flanelle 113
Charpie, bandes, compresses .... 》
Chaussettes............................. (paires). 312
Chemises coton ou toile 492
Chemises de femme 23
Coussins de plume 12
Couvertures de laine 178
Couvre-pieds............................... 1
Cravates 60
Draps de toile ou de coton.................. 620
Laines à tricoter........................ (kilos.) 4
Mouchoirs 162
Sandales............................. (paires). 5
Serviettes et torchons..................... 324
Taies d'oreiller 216
Tricots de laine et gilets de flanelle............. 216
Vareuses 111

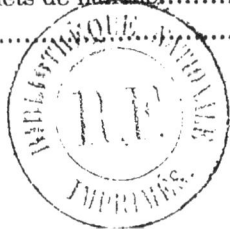

Note V.

Distributions aux Orphelinats.

27 enfants.	ORPHELINAT DE LA GUERRE	F. 1,485

Armoire.
23 Chemises de femme.
27 Couvertures.
54 Draps.
12 Mouchoirs.
Poêle.
36 Taies d'oreiller.

12 enfants.	AGRICOLE.	F. 660

100 Bonnets de coton.
12 Couvertures.
60 Chemises.
60 Cravates.
26 Draps.
5 Paires de sandales.
30 Vareuses.

7 enfants.	DE L'ASSOMPTION.	F. 385

7 Couvertures.
24 Draps.
12 Mouchoirs.
12 Taies d'oreiller.

4 enfants.	DE SAINT-JOSEPH.	F. 220

4 Couvertures.
12 Draps.
12 Taies d'oreiller.

50 enfants.	.... *A reporter*	F. 2,750

50 enfants.	.... *Report*	F.	2,750

3 enfants.   DE LA 3ᵉ MAISON DE BIENFAISANCE.   F.   165

    3 Couvertures.
    6 Draps.
    12 Taies d'oreiller.

4 enfants.   DES DAMES DE LA MISSION.   F.   220

    2 Pièces calicot, blanc et bleu.
    4 Kilos laine à tricoter.

10 enfants.   DE M. L'ABBÉ ROUSSET.   F.   550

    10 Couvertures.
    24 Draps.
    12 Mouchoirs.
    24 Taies d'oreiller.

8 enfants.   ASILE DES SOURDES-MUETTES.   F.   440
    Cours Saint-Jean.
    8 Couvertures.
    24 Draps.
    18 Mouchoirs.
    12 Taies d'oreiller.
    Vaisselle.

75 enfants.   .... Total...........................F. 4,125

Note VI.

Distribution aux 9 Bureaux de bienfaisance.

Chaque bureau a reçu :

25 Bonnets de coton.
24 Caleçons.
12 Ceintures.
24 Paires de chaussettes.
48 Chemises.
2 Coussins de plume.
12 Couvertures de laine.
50 Draps.
24 Gilets de laine ou tricot.
12 Mouchoirs de poche.
1 Sac de bandes, compresses, charpie et vieux linge.
12 Taies d'oreiller.
36 Torchons.
9 Vareuses.

www.ingramcontent.com/pod-product-compliance
Lightning Source LLC
Chambersburg PA
CBHW060822280326
41934CB00010B/2765